Kreisfreie Städte Augsburg | Kaufbeuren | Kempten (Allgäu) | Memmingen | **Landkreise** | Aichach-Friedberg | Augsburg Dillingen a. d. Donau | Donau-Ries | Günzburg | Lindau (Bodensee) | Neu-Ulm | Oberallgäu | Ostallgäu | Unterallgäu

LIEBESERKLÄRUNG AN SCHWABEN

Eine Bilderreise durch den Bezirk Schwaben

Der Bezirk Schwaben
entführt zu einer Bilderreise durch eine einmalige Region.
In das richtige Bild gerückt und zusammengestellt
von Bernd Müller

Zum Geleit

Gewaltige Alpenkulissen, idyllische Heide- und Moorlandschaften, die herbe Schönheit des Rieses: Wohl keine Region ist landschaftlich so abwechslungsreich wie Bayerisch-Schwaben.

Die Vielfalt der Natur prägt Mentalitäten, Bräuche, Land und Leute. Bürgerfleiß, Kirchenkunst und Fürstenglanz – auch die reiche historische Vergangenheit hat eindrucksvolle Spuren im modernen Schwaben hinterlassen.

Zum 60jährigen Bestehen des Bezirk Schwaben stellte der renommierte Augsburger Fotograf Bernd Müller diese Bilderreise aus eigenen Fotografien und Bildmaterial aus der Region zusammen.

„Da trafen wir
unter andrem auf einen Fleck,
der ganz unbeschreiblich
schön war.“

Einstieg in eine Bilderreise durch Schwaben: Treppenhaus in Nördlingen

| Traditionspflege im schwäbischen Süden: Almabtrieb im Allgäu ...

... und Blasmusik mit Leidenschaft!

KUNSTKAMMER

… und an die Blütezeit christlicher Kunst im Augsburger Maximilianmuseum.

Augsburg, die Fuggerstadt – Denkmal für Hans Jakob Fugger ...

… und Einblick in den Damenhof, erbaut von Jakob dem Reichen.

INFORMATION
SCHUHE
Feuerwurst

… und Erinnerung an Georg von Frundsberg in Mindelheim.

Der Daniel ist das Wahrzeichen Nördlingens, der Stadt im Rieskrater.

Blickfang und gelebte Tradition: schwäbische Trachten.

Ora et labora: die Basilika bei der Benediktinerabtei in Ottobeuren.

Grüne Wiesen, weiß-blauer Himmel und die Berge so nah!

I „Die meisten dieser Pflanzen aber werden auch zur Lust und Zierde gebauet und gezogen ...

… und das ist das Geschäft eines Kunst- und Blumengärtners, welcher jedoch mehr zu den Künsten in den Städten als zu den Gewerben auf dem Lande gehört.“ *Paul von Stetten, 1731 – 1808.*

Gott Vater.

Gugg Adam! dös ischt`s Paradeiß;
Do nei thue di setza mit Fleiß.

Sebastian Sailer, 1714 – 1777

Von der Gartenkunst in der Stadt zum ursprünglichen Klostergarten: Natur so, wie Gott sie schuf.

Baumeister Natur prägte die Allee zum Fuggerschloss in Kirchheim.

Formen, die sich im Augsburger Dom wieder finden.

Augsburg, Stadt des Religionsfriedens: die katholische Kirche Herz Jesu ...

… und der Kreuzgang im evangelischen St. Anna.

Wo sich Himmel und Erde berühren, entstand die Wallfahrtskirche Maria Birnbaum in Sielenbach im Landkreis Aichach-Friedberg.

Zeugnis des jüdischen Lebens in Schwaben – die Synagoge in Augsburg.

ZERSTÖRET DAS LETZTE/

DIE ERINNERUNG NICHT.

W. G. Sebald, 1944 – 2001

Die reiche Tradition der Kirchenmusik lebt im Orgelbau bis heute weiter ...

... und bei den großen Kirchenkonzerten wie hier in der Basilika Ottobeuren.

 | Moderne Lichtinstallationen und barocke Gewölbe zeigen den Weg

vom Benediktinerkloster zum modernen Tagungs- und Bildungszentrum: Kloster Irsee.

 | „Porta patet, cor magis“: Die Tür steht offen, mehr noch das Herz!

Dieser klösterliche Gruß gilt bis heute – ob bei den Zisterzienserinnen in Oberschönenfeld oder den Prämonstratensern in Kloster Roggenburg.

Über den Dächern von Augsburg: das Renaissance-Rathaus von Elias Holl ...

… und der Augsburger Dom in fast schon sakraler Abendstimmung.

 | Die Fuggerstadt war eines der bedeutendsten Zentren des Humanismus und der Renaissance ...

… und des Buchdrucks: Die Augsburger Staatsbibliothek beherbergt das erste Buch, das in Augsburg gedruckt wurde.

Unter anderem in der Staats- und Stadtbibliothek, einer der größten deutschen Regionalbibliotheken, findet sich das gebündelte Wissen der Vergangenheit …

… in Nachbarschaft zu Forschung und High-Tech in der aufstrebenden Wissenschaftsregion Schwaben.

 In ganz Schwaben finden sich Brücken zwischen Vergangenheit und Moderne.

Die Memminger Stadtgarde: Symbol des Selbstbewusstseins der freien Reichsstadt.

 | Schwäbische Charakterköpfe – Ausschnitte des berühmten Chorgestühls der Kartäuserklause Buxheim ...

… und der Anhauser Künstler Friedrich Brenner und sein Werk.

Und schnellende Weilchen spielen,
und goldene Dampfer kielen,
leise den lichten Lauf;
und hinter den Uferzielen
tauchen die vielen, vielen
Silberberge auf.

Rainer Maria Rilke, 1875 – 1926

Schwäbische Wasserwelt: Freizeitsport am Bodensee.

GER
2969

Wasser als Lebensgrundlage: Fischer Ludwig Berger bei Altkissing.

Und Rückzugsgebiet für blaues Blut: das Wasserschloss Unterwittelsbach.

China, Vietnam oder doch Schwaben? Die Fischergilde am Weitmannsee bei Kissing.

… und unverfälschtes Erholungsgebiet für Wanderer.

Frühlingsstimmung vor gigantischer Kulisse im Voralpengebiet.

Bäuerliche Tradition und altes Handwerk werden in Ehren gehalten – so auch im Schwäbischen Bauernhofmuseum Illerbeuren.

Hei! Grüeß die Gott Ländle,

Gott grüeß ui, ihr Leut!

Ma trifft gar nix sottigs

Und geht ma `au weit.

Hyazinth Wäckerle, 1836-1896

Lauten- und Geigenbauer aus Schwaben – insbesondere aus Füssen, einst Zentrum des Musikinstrumentenbaus – waren als Fachkräfte in ganz Europa begehrt.

Schätze aus der Vergangenheit – hier im Museumsfundus des Friedberger Schlosses.

Wellen-
burg

... und als Kulturträger in der Augsburger Puppenkiste.

Ein Meisterwerk mittelalterlicher Holzschnittkunst: die Mindelheimer Sippe.

Zeugnisse von Kirchenkunst, Bürgerfleiß und Fürstenglanz in der Allgäu-Metropole Kempten finden sich in der Basilika und im Thronsaal der Residenz wieder.

Herbstlandschaft im Landkreis Aichach-Friedberg.

Hält Wacht über der Stadt: das Friedberger Schloss.

Ein Musentempel aus der Gründerzeit: das Kurhaustheater in Göggingen bei Augsburg.

Der Prachtbau wird heute wieder als Theater und Veranstaltungsort genutzt.

Zwei Seiten einer von der Land- und Viehwirtschaft geprägten Region: die Kälberhalle in Augsburg …

… und schmuckes Allgäuer Braunvieh beim Viehscheid bei Pfronten.

Die berühmteste Sozialstiftung der Welt: die Fuggerei in Augsburg.

Stehend an meinem Schreibpult
Sehe ich durchs Fenster im Garten den Holderstrauch
Und erkenne darin etwas Rotes und etwas Schwarzes
Und erinnere mich plötzlich des Holders
Meiner Kindheit in Augsburg.

Bertolt Brecht, 1898-1956

Ein Schmuckkästchen: das historische Rathaus in der kreisfreien Stadt Kaufbeuren …

... mit seinem prachtvollen Sitzungssaal.

Olympiareif: Kanuten und Kajaksportler im Augsburger Eiskanal.

Oscarreif: unverfälschter Wildbach vor Alpenkulisse.

Der Lech ist die Wasserader durch Schwaben. Zahlreiche Kraftwerke – wie hier in Gersthofen – säumen seinen Weg.

Beeindruckend: die Schauturbine im Wasserkraftwerk am Augsburger Hochablass.

„Verklungen ist des Tages Treiben": Abendruhe ganz im schwäbischen Norden – an der Wörnitz mit Blick auf die romantische Residenzstadt Oettingen.

Optischer Kontrast: Feuerwerk über dem Augsburger Plärrer.

 | „Er, der am Abend alles decket, ob Leid, ob Freud der Tag gewecket,

in Feld und Wald mit Schatten zu, erfüllt auch dich mit Fried' und Ruh'." „Abendruhe" von *Wolfgang Amadeus Mozart, 1756 – 1791.*

„Da trafen wir unter andrem auf einen Fleck,
der ganz unbeschreiblich schön war."

Christoph von Schmid, 1768 – 1854

Günzburg war einstmals Landeshauptstadt von Vorderösterreich – ein „Malheur" für die Schwaben, wie 1805 Napoleon im Günzburger Rathaus befand.

Eine Region voller versteckter Schönheiten: Schlossparkweiher in Autenried ...

… und das romantische Schloss Elmischwang im Neufnachtal.

Aspekte einer Landschaft – die Vielfalt Schwabens reicht von den Allgäuer Alpen bis zum herben Ries.

Die Textilindustrie in Schwaben brauchte Wolle – so wurde die Schafhaltung eine wichtige Erwerbsquelle.
Bis heute prägen die Herden das Bild in den Lechheiden.

Dieses Schloss kennt die ganze Welt: Neuschwanstein, Sinnbild der Romantik, zieht jährlich über 1,3 Millionen Besucher an.

Reine Luft und Weite: Schwaben, ein Winterwanderland.

Zauberhaft verschneite Wälder locken ins Freie.

Es muss nicht immer die klassische Berghütte sein – zum Winterschlaf im Freien laden inzwischen auch Iglus in das Allgäu ein, hier bei Pfronten vor dem Breitenberg.

Einstimmung auf die schönsten Tage im Jahr: Schwabens Weihnachtsmärkte sind beliebte Treffpunkte für Einheimische und Touristen.

Vor historischer Kulisse entfalten Lichterglanz und
Budenschmuck ihre ganze Pracht.

Schneegeriesel. Flocken über Flocken.
In der weichen Luft zerfließt der Schaum,
Und kein Windhauch weht die Erde trocken.
Aber, wenn im Frost erstarrt der Flaum,
Reift er schnell zu glitzernden Kristallen
Und blinkt dann am Boden und am Baum.

Hedwig Lachmann, 1865 - 1918

So schließt sich der Kreislauf der Jahreszeiten – auf der dicken Eisdecke des Augsburger Kuhsees ziehen die Schlittschuhläufer ihre Spuren.

Dank

Dass dieser Bildband zum 60. Jubiläum des Bezirk Schwaben erscheinen konnte, ist der Unterstützung vieler Menschen zu verdanken. Zu erwähnen ist insbesondere der Schwäbische Bezirkstag, der die Herausgabe beschlossen hat. Von den schwäbischen Landkreisen sowie zahlreichen Städten und Gemeinden und Tourismus- und Fremdenverkehrsämtern wurde uns wunderschönes Bildmaterial zur Verfügung gestellt. Die zitierten Texte stammen von Schriftstellern und Autoren, die in Schwaben lebten oder hier familiäre Wurzeln hatten. Wir bedanken uns bei allen Verlagen für die freundliche Erlaubnis zum Abdruck der Texte.

Impressum

Herausgeber:
Bezirk Schwaben
vertreten durch Bezirkstagspräsident Jürgen Reichert

Projektleitung und Lektorat:
Birgit Böllinger

Fotografische Leitung und Bildredaktion:
Bernd Müller, www.berndmueller-fotografie.de

Scans:
artacus design, Augsburg

Grafik, Realisation und Produktion:
Sankt Ulrich Verlag GmbH

Druck:
Druckerei Walch, Augsburg

1. Auflage: 3.000 Stück, Mai 2013

ISBN 978-3-934113-09-1

Bezirk Schwaben, Hafnerberg 10, 86152 Augsburg
Telefon 0821 3101-0, www.bezirk-schwaben.de

Bildnachweis

Titelbild: Kloster Hausen, Foto: Bernd Müller | **Seiten 8, 19, 54, 55**: Tourismusverband Allgäu/Bayerisch-Schwaben e.V. | **Seite 9**: Landkreis Unterallgäu, Foto: Stefanie Vögele | **Seite 14**: Stadt Donauwörth, Foto: Stefan Sisulak | **Seite 15**: Tourist-Information Mindelheim, Foto: Gottfried Kammerlander | **Seite 16**: Tourist-Information Nördlingen | **Seite 17**: Christoph Jorda | **Seite 18**: Touristikamt Ottobeuren, Foto: Jung | **Seite 21**: Bild *unten*: Stadt Neu-Ulm, Foto: @SPIESZDESIGN | **Seite 28** und **29**, **Seite 51**: Bilder: Erich Echter | **Seite 33**: Touristikamt Ottobeuren | **Seiten 34** und **35**: Schwäbisches Bildungszentrum Irsee, Foto: Achim Bunz | **Seite 45**: Stadtinformation Memmingen | **Seite 46**: Erwin Reiter, Heimatdienst Buxheim | **Seite 56** und **57**, **73**, **96** und **97**: Bilder: Pfronten Tourismus | **Seite 58**: Schwäbisches Bauernhofmuseum Illerbeuren, Foto: Tanja Kutter | **Seite 62**: Stadt Dillingen a.d. Donau, Bild: VHS-Fotogruppe Dillingen | **Seite 66**: Tourist-Information Mindelheim, Quelle Wilhelm Fink Verlag | **Seite 67**: Stadt Kempten (Allgäu) | **Seite 68**: Landratsamt Aichach-Friedberg, Foto: Joachim Feldmeier | **Seite 69**: Landratsamt Aichach-Friedberg, Foto: Peter Jäger | **Seite 76** und **77**: Stadt Kaufbeuren, Foto: Harald Langer www.xl-foto.de | **Seite 79**: Allgäu GmbH | **Seite 82**: Stadt Oettingen i. Bay., Foto: Werner Rensing | **Seite 84**: Regio Augsburg Tourismus GmbH | **Seite 86 und 87**: Stadt Günzburg, Fotograf Ulrich Wagner | **Seite 88**: Stadt Ichenhausen | **Seite 92** und **93**: Landkreis Ostallgäu, Foto: Fotografie Wolfgang Pfisterer, pfisterer-fotografie@gmx.de
Seite 98: Bild *oben links*: Regio Augsburg Tourismus GmbH; Bild *oben rechts*: Schwäbisches Volkskundemuseum Oberschönenfeld, Foto: Andreas Lode; Bild *unten links*: Stadt Marktoberdorf; Bild *unten rechts*: Füssen Tourismus und Marketing, Foto: Helmut H. Kroiß
Seite 99: Bild *oben links*: Stadt Kempten (Allgäu); Bild *oben rechts*: Kurdirektion Bad Wörishofen, Foto: Schneider; Bild *unten links*: Stadt Kaufbeuren, Foto: Alexander Bernhard; Bild *unten rechts*: Stadt Memmingen | **Bilder Bernd Müller: Seite 7, 10, 11, 12, 13, 20, 21** Bild *oben*, **23, 24, 25, 26, 27, 30, 36, 37, 38, 39, 40, 41, 42, 43, 44, 47, 48, 50, 52, 60, 61, 63, 64, 65, 70, 71, 72, 74, 78, 80, 81, 83, 85, 87, 89, 90, 91, 94, 95, 101.**